AF337525

I 27/72
3538

DISCOURS

PRONONCÉ A LA DISTRIBUTION SOLENNELLE DES PRIX

DU COLLÉGE D'AIX

DISCOURS

DU COLLÉGE D'AIX

LE 6 AOUT 1867

Par M. ALPHONSE BÉRAUD

PROFESSEUR

AIX

TYPOGRAPHIE REMONDET-AUBIN, SUR LE COURS, 55.

—

1867

Dans cette antique et noble ville d'Aix, au sein d'une famille où le goût des arts et l'amour du bien public étaient héréditaires, naissait, le 6 août 1715, un de ces hommes qui sont appelés à devenir l'honneur de leur pays et de leur temps; un écrivain cher à la Provence et aux lettres ; un moraliste austère et profond ; un précurseur, si j'ose le dire, qui traversa les passions et les luttes d'une génération égoïste et frivole sans rien abandonner de son calme, de son élévation, de sa noblesse d'âme, et qui n'apparut qu'un instant parmi nous pour y laisser des regrets éternels. Vous avez nommé avec moi Luc de Clapiers marquis de Vauvenargues. C'est de lui, chers élèves, c'est de ce compatriote illustre que je vous parlerai; je viens à grands traits, car je dois être court, dessiner devant vous cette pure et touchante figure, raconter une vie de travail et de souffrance, d'abnégation et de vertu, bien propre à fortifier dans vos âmes les grands et féconds principes du vrai, du beau et du bien.

Après quelques études rapides et incomplètes, le jeune marquis de Vauvenargues quittait, à dix-huit ans, cette Provence qu'il n'appelle jamais que sa belle, sa bonne patrie. Né avec le goût des lettres, il a cependant embrassé la seule carrière qui, avec celle de l'Eglise, fût alors ouverte aux gentilshommes. Déjà il sent en lui cette secrète invitation qui attire à la gloire, et c'est dans le métier des armes qu'il renferme d'abord ses plus chères espérances. En 1734, il n'a pas encore vingt ans, nous le voyons, en Italie, faisant la guerre sous le vieux maréchal de Villars, et se distinguant dans ces combats acharnés que livraient les Franco-Piémontais aux troupes autrichiennes du brave comte de Merci. Six ans après, pendant la guerre de la Succession, nous le retrouvons en Bohême. Pauvre et sans grandes protections, il a payé de ses services et de son sang le grade de capitaine au régiment d'Infanterie du Roi, et il assiste, sous le maréchal de Belle-Isle, à cette périlleuse retraite de Prague que l'auteur du siècle de Louis XV a comparée à la retraite des Dix mille sans pouvoir la rendre aussi célèbre. Dans ces marches difficiles à travers les plaines glacées de la Bohême, sur ces routes jonchées de soldats morts de froid et de misère, il vit expirer à ses côtés un officier de son âge, son compagnon d'armes et son meilleur ami, qui servait comme lui au régiment d'Infanterie du Roi, comme lui plein de promesses, enfant, comme lui, de cette Provence adorée, dont ils ont dû regretter plus d'une fois, sous la rigueur du climat de Prague, l'air limpide et le ciel bleu. L'éloge funèbre du jeune Hippolyte de Seytres fut sans doute le premier écrit de Vauvenargues, et cet éloge, qu'il se plaisait à relire et à corriger sans cesse, a déjà quelque chose d'antique ou d'inspiré par Fénelon.

« Aimable Hippolyte, dit-il à l'ombre de son ami,
« aucun vice n'infectait ta jeunesse ; tes années croissaient
« sans reproche, et l'aurore de ta vertu jetait un ravissant
« éclat. La candeur et la vérité régnaient dans tes sages
« discours avec l'enjouement et les grâces ; modéré
« jusque dans la guerre, ton esprit ne perdait jamais
« sa douceur et son agrément. »

Tel était Hippolyte de Seytres, et tel était aussi le jeune marquis de Vauvenargues. Ne croyez pas qu'il partage la dissipation et la folle licence de la vie des camps. Déjà il regarde en lui et autour de lui, et laisse entrevoir, dans le soldat, le penseur et le philosophe. Voyez-le dans sa tente solitaire ou dans le bruit d'une garnison, écrivant un traité en forme sur le *Libre arbitre* qu'il concilie avec la justice et la providence de Dieu ; voyez-le descendre un instant de cette hauteur métaphysique, pour se plonger dans l'étude des grands écrivains du siècle précédent, pour envoyer à Voltaire, alors dans tout l'éclat de son génie et de sa gloire, une lettre ingénieuse sur Corneille et sur Racine, et, dans des pages exquises et dignes des grands maîtres, de courts et précieux essais de critique sur Bossuet, Pascal et Fénelon.

Tout cela, dans une garnison, avait dû lui donner cet air d'originalité qui appartient à la sagesse, à la méditation, à la vertu. Ses camarades le tiennent en si haute estime, ils sont pénétrés d'un tel respect pour la gravité, pour la simplicité antique de ses mœurs, qu'ils l'ont surnommé le Père, comme autrefois Turenne et Catinat. Et cependant, malgré cette vie à part toute consacrée aux plus nobles occupations de l'esprit, malgré cette supériorité incontestable et incontestée, le jeune sage ne prend aucun air de hauteur ; il reste l'ami le plus sûr et le moins sévère ; il donne le premier à tous l'exemple de cette franchise, de cette généreuse expansion de sentiments qui devait prêter à ses écrits tant de grâce, et à sa morale tant d'attraits. Heureux mélange de la maturité de la pensée et de la jeunesse du cœur, auquel nous devons attribuer le singulier ascendant qu'il exerça dès lors, sans efforts et comme à son insu, sur tous ceux qui purent l'approcher et l'entendre, et pénétrer au fond de son âme tendre et ingénue.

Un pareil jeune homme devait faire concevoir de brillantes espérances, et sans nul doute, Vauvenargues les partageait. Vous le savez, il aimait la gloire et il s'en croyait digne ; oui, il aimait cette gloire, dont les premiers regards, a-t-il dit, sont plus doux que les premiers feux de l'aurore, cette gloire qui est pour lui quelque chose d'aussi pur que la vertu. Mais tandis qu'entraîné par l'ardeur de sa mâle jeunesse, il la cherchait au milieu des camps, « dans les veilles silencieuses pour le salut de la patrie, » ou le tumulte des batailles, il ne devait la rencontrer que dans le repos, la souffrance et les désenchantements.

Durant cette malheureuse campagne de Bohême, Vauvenargues avait souffert d'un froid excessif : il en était resté malade et affaibli. Il vit bientôt, et non sans tristesse, qu'il lui fallait renoncer à la vie active du soldat, à la guerre et à ses chances heureuses, et voulant néanmoins, en dépit de ses douleurs physiques, trouver l'emploi de ses réflexions, de ses facultés et de son temps, dans une autre carrière utile à son pays, il se tourna vers la diplomatie.

Mais il n'avait d'autre protecteur que le mérite qu'il sentait en lui, et ne présentait d'autres titres que son désir de bien faire, sa naissance et les services qu'il avait rendus à l'Etat. Il attendit vainement pendant deux ans. Sa lettre au roi Louis XV et à son ministre, M. Amelot, était, d'ailleurs, une de ces lettres candides et fières qu'on ne lit pas jusqu'au bout et qui n'obtiennent rien. Las enfin de solliciter et d'attendre, il envoie sa démission à M. de Biron, et écrit à M. Amelot une seconde lettre admirable de dignité et de fierté contenue. Grâce aux vives instances de Voltaire qui s'entremit avec chaleur, qui parla hautement à M. le duc de Duras en faveur du jeune capitaine éloquent et philosophe, M. Amelot promit enfin, et Vauvenargues vint en Provence attendre un emploi, se reposer de ses fatigues et se préparer à son nouveau rôle.

Il y vécut une année, espérant reprendre quelques forces dans ces pittoresques vallées qui entourent son vieux manoir, sur ces gracieux côteaux tout embaumés de senteurs pénétrantes, au sein de cette nature à la fois majestueuse et charmante, où s'étaient écoulées son enfance rêveuse et sa contemplative jeunesse. Vaine et trompeuse illusion ! Comme son héros Clazomène « quand « la fortune a paru se lasser de le poursuivre, quand « l'espérance trop lente commençait à flatter sa peine, « la mort s'est offerte à sa vue. » Et voilà que ses blessures se rouvrent ; la petite vérole survient et l'achève ; il est défiguré ; il est presque aveugle ; il porte dans son sein les germes d'une phthisie qui ne pardonne pas. C'est alors que considérant « le désespoir comme la plus grande des erreurs, » il ramasse ses dernières forces pour un suprême effort, pour une suprême espérance. Il arrive à Paris, se hâtant de mettre à profit les jours qui lui restent encore, et venant demander aux lettres cette gloire que le noble jeune homme, de mécompte en mécompte, de souffrance en souffrance, avait sans cesse poursurvie, et que tout semblait lui refuser.

Il passa les deux dernières années de sa vie dans un modeste appartement de la rue du Paon, à l'hôtel de Tours. C'est là, dans la solitude et la pauvreté, qu'il rassemble les fruits épars de ses méditations, corrige et publie son *Introduction à la connaissance de l'esprit humain*, surprenant ouvrage qu'il avait composé à vingt-cinq ans sans autre étude que le secours de quelques bons livres. Alors aussi parurent ses *Dialogues*, qui rappellent le bon sens et la simplicité de ceux de Fénelon ; ses *Caractères*, où se révèle à chaque trait tout ce qu'il y avait en lui de délicatesse, de pénétration, de mélancolie éloquente et vraie, et enfin ces *Maximes* qui ont fait sa gloire, ces *Maximes* qui ont restitué ses vertus à l'humanité. Par la passion de tout ce qui est honnête, le désir ardent de la grandeur morale de l'homme, la vertu désintéressée, le profond amour de la charité et de la justice, il s'y élève au-dessus de La Bruyère et de La Rochefoucauld. C'est bien là le petit livre de choix dont parle Horace, qui lu trois fois d'un esprit purifié, calme les douleurs et les tristesses, relève les âmes affaissées et abattues. Il revit tout entier dans ces pages admirables, empreintes de force et de grâce, où le beau, comme le voulait Platon, ne paraît que le reflet de la splendeur du bien. Lisez-les, chers élèves, inspirez-vous de ce code moral et spiritualiste, et vous admirerez, vous aimerez ce noble et pur esprit qui introduisit dans la philosophie l'âme de Fénelon et de Racine ; qui au nom du sentiment et des droits de la raison humaine, a eu le rare courage de s'élever contre la théorie de la sensation, hautaine alors, affirmative, impérieuse ; contre cet épicuréisme mêlé de grâce frivole et de sécheresse dogmatique, d'indifférence et de cynisme, uniforme croyance du XVIIIe siècle, de Fontenelle à Mirabeau. Oui, vous aimerez « ce cœur stoïque et tendre, » cet homme toujours infortuné et toujours tranquille, qui meurt à 32 ans, au moment où s'épanouissaient les premières fleurs de son génie, qui meurt sans plainte et sans murmure, et laissant un tel souvenir que ceux qui l'ont connu, même les plus railleurs, même les plus sceptiques, n'en parleront jamais qu'avec respect et attendrissement. Ah ! si Vauvenargues eût vécu, il aurait exercé sur son siècle la plus heureuse influence, empêché peut-être les excès et les déchirements qui suivirent, et ramené la philosophie égarée. Par son génie, comme par la dignité austère et fière de sa vie, il se trouvait à la hauteur de cette tâche glorieuse, ce jeune penseur qui doit rester éternellement cher aux bons esprits et aux bons cœurs.

Un dernier trait achèvera l'étude de cette triste et touchante existence. Au moment où Vauvenargues sentait la mort arriver à grands pas, où ses forces l'avaient complétement abandonné, il apprit l'invasion de la Provence par les Impériaux et le duc de Savoie. Le Var était franchi, et la moitié de la province livrée aux fureurs des Croates et des pandours. Son cœur bondit ; le soldat d'Italie et de Bohême se reveille et s'indigne : « Toute la Provence est armée, » écrit-il aux amis qu'il avait à Aix, à Saint-Vincens, à Monclar, au marquis de Mirabeau ; « toute la Provence est armée, et je suis ici au coin de mon feu ! Le mauvais état de ma santé ne me justifie pas assez, et je devrais être où sont tous les gentilshommes de la province !... » Pieux et touchant amour ! Dernier cri d'une grande âme habituée à tous les dévouements, à tous les sacrifices, et qui, peu de jours après, achevait son martyre et remontait à Dieu !

Et maintenant, chers élèves, je ne m'arrêterai pas à faire ressortir les grands enseignements d'une vie si courte et si bien remplie. Je craindrais de retenir trop longtemps encore de jeunes vainqueurs émus de leur prochain triomphe, impatients de porter à leurs mères ces couronnes auxquelles sont attachées de si vives affections et de si légitimes espérances. Le brillant auditoire devant lequel ma bonne étoile m'a amené aujourd'hui à prendre la parole, me pardonnerait difficilement, je le sais, de tromper cette juste impatience. Et d'ailleurs, chers élèves, quels préceptes, quelles leçons pourraient égaler ces beaux exemples ? Où trouver maintenant des expressions assez dignes, des pensées assez élevées, pour vous parler de l'amour des nobles choses, du respect de vous-mêmes, de dévouement à la patrie, de devoir et de charité ? Certes, la vie de Vauvenargues est d'une plus haute éloquence que toutes les exhortations ; elle vous apprend comment vivent les grands cœurs, comment ils sont toujours au-dessus de la fortune. Conservez pieusement sa mémoire, et appliquez-vous, comme lui, à développer, à fortifier incessamment vos jeunes intelligences, à rendre chaque jour votre âme et meilleure et plus pure. Sachez, plus tard, vous élever, comme lui, au-dessus de ces maximes égoïstes, de ce goût de la vie commode, envahissant et corrupteur, de cette préoccupation des intérêts matériels incompatible avec toute ambition tant soit peu généreuse. N'oubliez pas que « les grandes pensées viennent du cœur, » et toujours et partout, tenez en haut ce cœur. *Sursum corda !* Oui, chers élèves, c'est par le développement continu et progressif de vos facultés intellectuelles et morales, c'est par l'étude intelligente et approfondie des belles et des bonnes créations de l'esprit, c'est par un commerce long et assidu avec les écrivains dont vous admirez les beautés immortelles, que vous vous placerez un jour au rang de ces hommes qui honorent la société par leurs talents et leurs vertus, de ces hommes qui n'ont jamais été rares dans cette cité illustre, sur cette féconde terre de Provence. Vous serez ainsi fidèles à ce qu'attendent de vous vos familles, dont vous êtes l'espoir et l'orgueil ; à ce que vous devez à la dignité même de votre nature ; à ce que vous devez à la France, notre patrie glorieuse et bien-aimée.

BIBLIOTHEQUE NATIONALE DE FRANCE
3 7502 00988159 2